Ligue des Amis du Sionisme

TRACT N° 2

TRADITION JUIVE
&
SIONISME

PAR

MAURICE VERNES

Président de l'École pratique
des Hautes-Études religieuses de la Sorbonne

PARIS
IMPRIMERIE BERESNIAK & FILS
12, RUE LAGRANGE, 12
Mai 1918

Prix : 0 fr. 25

TRADITION JUIVE ET SIONISME

Le terme de tradition peut s'employer dans différents sens. Envisagé au point de vue spécial de la théologie, il désigne la transmission, par voie orale et par le moyen d'un clergé, d'un certain nombre de croyances et de rites, qui sont imposés aux fidèles et constituent ce qu'on pourrait appeler l'armature d'une religion. Littré la définit, en ce qui concerne l'Eglise catholique, « la transmission de siècle en siècle de la connaissance des choses qui concernent la religion et qui ne sont point dans l'Ecriture sainte ». Bossuet n'hésite pas à dire que « c'était la tradition qui interprétait l'Ecriture », qu'on croyait que le vrai sens de celle-ci « était celui dont les siècles passés étaient convenus » et il en conclut, avec sa superbe habituelle, que « nul ne croyait avoir droit de l'expliquer autrement ». Cette tradition a été la cause des plus détestables excès ; quiconque faisait effort pour rétablir le sens des livres sacrés en conformité avec leurs origines, la rencontrait sur son chemin arrogante, hautaine, usant tour à tour et sans scrupule, dans sa défense, des armes temporelles comme des armes spirituelles. Richard Simon, le promoteur de l'exégèse scientifique en France, l'apprit à ses dépens.

En un sens analogue, on pourrait parler d'une « tradition juive » et nous reconnaissons que celle-ci, au travers de maintes étroitesses, a rendu au judaïsme l'immense service de le défendre contre le danger de se dissoudre et de se fondre dans les religions étrangères. Nous entendrons ici le terme de « tradition juive » d'une manière beaucoup plus large, en dehors des doctrines et des pratiques.

---

(1) Conférence faite à la Société d'éducation et de propagande juive « Hatikwah » le dimanche 24 février 1918.

Qu'est-ce qu'une tradition ? C'est la transmission de l'acquis des générations successives au profit des derniers venus. C'est une richesse, c'est un capital, qui leur est offert comme un précieux héritage.

Que serait l'humanité sans la tradition, sans la transmission des progrès et des découvertes, fruits de chances heureuses ou de laborieuses recherches ? Elle en serait encore, elle en serait toujours à la misérable condition de nos premiers ancêtres, disputant péniblement leur vie aux éléments et aux animaux hostiles, à l'existence sauvage de l'homme des cavernes.

Qu'il est noble et grand l'effort, par lequel l'homme est arrivé graduellement à s'assurer une alimentation régulière, le vêtement, le chauffage, les arts et métiers, les conditions de la vie urbaine, le domaine supérieur des lettres, des sciences, de la moralité, de la haute spiritualité ! Il en est redevable à ceux qui l'ont précédé, au trésor de l'expérience, aux peines et aux souffrances de ceux dont il orne et conserve pieusement les tombes. Que serait-il sans la tradition ?

Parmi ces traditions, celle qui a trait à l'organisation sociale, aux conditions supérieures de la vie de l'esprit, mérite une particulière attention.

Et c'est ici que la tradition juive nous apparaît parmi les plus belles, parmi les plus nobles, parmi les plus fécondes, digne d'être placée à côté de ce que l'antiquité ou les temps modernes ont produit de plus parfait, de plus vivant, de plus durable.

On prise la tradition grecque et l'on a raison. C'est un mélange exquis d'élégance, d'art et d'intelligence.

On prise la tradition latine et l'on a raison. C'est le mariage, heureusement consommé, de l'institution politique, du droit et du bon sens.

On prise, dans les temps modernes, la tradition française, qui a su arracher l'idée à sa gangue fruste et revêche, pour en faire la vérité lucide et aimable, accessible à tous les hommes de bonne volonté.

Mais quelle place d'honneur n'assignerons-nous pas à la tradition juive, qui est, en vérité, à la naissance du monde moderne, puisqu'elle lui a fourni, dans les livres dont la réunion forme le livre par excellence, la *Bible* (1), ses plus sublimes enseignements touchant la constitution de la famille, la justice sociale et la charité humaine ?

Dans ce qui suit, nous nous appliquerons à démêler les traits de la « tradition juive » en suivant le mouvement de l'histoire.

Et d'abord, une remarque, qui doit — je m'empresse de le déclarer — ne troubler personne et n'inquiéter aucune susceptibilité. La tradition juive n'est pas très ancienne ; elle l'est beaucoup moins que celles de la Chaldée et de l'Egypte et sans doute de la Chine. Elle ne remonte guère plus haut que la tradition grecque et la romaine, qui appartiennent au premier millénaire avant notre ère.

Ses origines restent très obscures et très contestées. Il résulte des récentes recherches des Assyriologues que les premiers chapitres de la *Genèse*, consacrés à la période qui concerne les origines humaines, sont essentiellement un emprunt aux bassins du Tigre et de l'Euphrate.

L'existence des patriarches, de cet Abraham, de cet Isaac et de ce Jacob, dont Ernest Renan a rappelé naguère en termes d'une poésie incomparable la légende lumineuse, est sujette au doute. S'agit-il là de personnages réels, de souvenirs attachés à des êtres qui ont vécu, qui ont agi et parlé, ou ne s'agit-il pas plutôt, par un phénomène littéraire bien connu, d'une projection dans le passé le plus reculé de la nation des ambitions et des espérances qui ont été formées à une époque beaucoup plus récente ?

La personnalité même de Moïse, bien que son existence ne semble pas devoir être révoquée en doute, est sujette à caution ; il est certain, en effet, qu'on lui a fait honneur d'une législation, qui est surtout le fruit du travail des théologiens et des juristes d'Israël, soit au temps des anciens royaumes, soit, en ce qui concerne les développements de caractère rituel et liturgique, des temps de la Restauration post-exilienne, autrement dit du second Temple.

Ces questions de date, d'origines au sens spécial du mot, paraîtront, en vérité, bien secondaires, je dirais presque futiles,

____

(1) En grec, « Bible » signifie livre.

quand on s'attache à dégager ce qu'il y a de fécond et de durable dans la tradition juive. Etudions-la donc avec sympathie respectueuse que l'on doit aux grands monuments de l'esprit humain, au travers des trente siècles qui nous séparent de ses débuts.

I. — LA LÉGISLATION.

La *Bible* débute par les cinq livres de la loi dite de Moïse, de la *Thora* ou *Enseignement*, où les textes légaux sont enchâssés dans le récit des pérégrinations d'Israël au désert. On y distingue généralement trois éditions différentes : 1° le « livre d'Alliance » contenu aux chapitres XXI, XXII et XXIII de l'*Exode*, résumé bref, un peu sec d'aspect, mais singulièrement instructif et savoureux à l'examen, où se suivent, sans lien logique, des prescriptions d'ordre rituel, social ou moral ; le souci de la justice, des égards dûs au pauvre à la veuve, à l'orphelin, de l'équité envers les petits et les faibles, y est marqué en traits caractéristiques ;

2° le « Code deutéronomique » (*Deutéronome*, chapitres XII à XXVI), qui reprend les mêmes thèmes en les fortifiant par des considérations dogmatiques, morales et édifiantes, et insiste sur l'obligation, imposée à Israël, de l'unité, autrement dit du monopole du sanctuaire central ;

3° le « Code sacerdotal », formé par la réunion des textes rituels épars à l'*Exode*, au *Lévitique* et aux *Nombres*, et dont les développements, souvent arides et purement techniques, prêtent à d'intéressantes comparaisons avec l'organisation du culte, des sacrifices et du clergé chez les autres peuples de l'antiquité.

Je ne tairai pas que la Loi juive est souvent dans le cas de heurter le goût des modernes. En effet, elle est très formaliste et positivement intolérante, c'est-à-dire qu'elle lie la totalité des membres de la communauté — confondue avec la nation elle-même — à l'observance rigoureuse de toutes ses prescriptions et frappe impitoyablement les moindres manquements des peines les plus sévères, notamment de la mort par lapidation.

Et néanmoins, la *Thora* de Moïse apparaîtra à tous ceux qui se donneront la peine d'en faire une étude attentive, particulièrement à ceux qui la confronteront avec les textes analogues provenant de la Chaldée, de l'Assyrie, de l'Egypte ou de la Grèce antique, comme imprégnée du souci de maintenir la législation d'Israël dans un rapport étroit avec le droit des nations ou des personnes, avec le progrès social, avec la condition du petit cultivateur, avec la protection due aux déshérités.

Sous ce rapport et sans retomber dans les exagérations de ceux qui y ont vu une première édition des « Droits de l'Homme et du Citoyen » et le programme même de la Révolution française, on peut saluer dans les cinq tomes du *Pentateuque* une première et auguste réalisation du « Droit humain ».

J'en donnerai deux exemples illustres, l'un tiré des « Dix-Paroles » ou « Décalogue », adopté par les nations chrétiennes elles-mêmes comme un code des devoirs pratiques (*Deutéronome*, V, 6-18), l'autre emprunté à la « Loi du Jubilé », stipulant tous les cinquante ans le retour des terres ou des maisons aliénées à leur premier et seul légitime propriétaire. (*Lévitique*, chap. xxv.)

Le Décalogue dit :

— Le Dieu, qui t'a arraché, ô Israël ! à la servitude d'Egypte pour te donner la possession du riche pays de Chanaan, exige de toi :

    I que tu l'adores exclusivement ;
    II que tu l'adores sans images matérielles ;
    III que tu ne te parjures point en son nom ;
    IV que tu observes le jour du sabbat (repos) ;
    V que tu honores tes parents ;
    VI que tu t'abstiennes du meurtre,
    VII de l'adultère,
    VIII du vol,
    IX du faux témoignage,
    X de toute entreprise sur le bien d'autrui.

Les savants, — c'est leur droit, — discuteront sur la date à laquelle il convient de reporter la rédaction traditionnelle des « Dix-Paroles » et sur la présence d'une interdiction telle que celle des « Images divines », qui ne semble pas d'origine ancienne ; il n'en reste pas moins qu'Israël a donné au monde, dans cet abrégé vigoureux, un programme de premier ordre.

Et cette vision de socialisme agraire et citadin, que relate la « Loi du Jubilé ». De celle-là encore, nous dirons : Etait-ce un rêve d'avenir, était-ce une réalité ? Et nous ajouterons : Avoir su mettre par écrit une telle conception, c'est avoir devancé les temps.

D'après le *Lévitique*, en effet, il ne saurait y avoir pour les Israélites ni aliénation durable de personnes, ni aliénation durable de propriétés urbaines ou rurales. Au bout de cinquante ans, chacun rentre dans le bien, dont le malheur des temps l'avait momentanément privé. Le véritable propriétaire n'est-il pas Jéhova, qui a distribué, lors du lotissement fait à l'époque de la conquête, à tous ses protégés une portion égale ?

La législation des Hébreux peut être rapportée aux quatre premiers siècles du premier millénaire (1000-600) avant notre ère ; les règlements de caractère sacerdotal seraient plus récents. (ve, ive siècles.)

II. — LE PROPHÉTISME.

A côté du législateur apparaît, de bonne heure, un personnage auquel l'antiquité profane ne peut rien opposer : c'est le prophète. Indépendant du clergé régulier, il semble parfois le contrecarrer, tout au moins n'en pas tenir compte : néanmoins, on les trouve les uns comme les autres dans le voisinage des sanctuaires, les prophètes comme les prêtres. Samuel, Elie, Elisée sont des figures grandioses, que domine seule celle de Moïse.

Le prophète est un inspiré ; pour la foule, il est un devin, doué de double vue. Semblable aux moines ou aux prédicants du moyen âge, il bouscule, s'il le faut, rois, juges, magistrats, chefs de l'armée ou du clergé.

Ce qui excite la verve du prophète et provoque ses sarcasmes les plus amers, c'est la prétention qu'affichent certains de donner satisfaction à la divinité par de fastueux sacrifices, alors qu'ils méprisent ses injonctions les plus formelles. Voyez la brutale apostrophe de Samuel au roi Saül : « Ce que Jéhova te demande, ce ne sont pas des holocaustes et des victimes ; c'est l'obéissance à ses ordres. » (I *Samuel*, xv, 22.) Isaïe tiendra, à son tour, un même langage : « Que m'importe le nombre de vos sacrifices ? dit Jéhova ; je suis rassasié des holocaustes de béliers et de la graisse des veaux ; je ne prends point plaisir au sang des taureaux, des agneaux et des boucs... Plus d'oblations menteuses ! J'ai en horreur votre encens, vos néoménies (nouvelles lunes), vos sabbats, vos réunions d'apparat... et le crime, que vous associez aux convocations solennelles... Mon âme en est dégoûtée... Quand bien même vous multipliez vos prières, je ne vous écoute pas, parce que vos mains sont pleines de sang... Apprenez à bien faire, à rechercher la droiture, à redresser l'iniquité ; faites droit à l'orphelin, défendez la veuve... — Si vous êtes de bonne volonté et si vous pratiquez l'obéissance (à Dieu), vous vous rassasierez des biens du pays. » (*Isaïe*, I, 10-19.) « Ce que j'aime, dira Osée, c'est la pitié et non les sacrifices ; c'est la connaissance de Dieu, ce ne sont pas les victimes. » (*Osée*, VI, 6) Michée est peut-être plus catégorique encore : « Avec quoi me présenterai-je devant Jéhova ? (dit le fidèle Israélite)... Est-ce avec des holocaustes, avec les veaux gras de l'année ? Jéhova prendra-t-il plaisir aux milliers de béliers, aux myriades de torrents d'huile ?... O homme ! Jéhova t'a révélé ce qui est bien ; en effet, ce qu'il requiert de toi, c'est de pratiquer la justice et d'aimer la pitié. » (*Michée*, VI, 6-8)

Le prophétisme hébreu attend encore son historien ; mais Renan lui a consacré, dans son *Histoire du peuple d'Israël*, quelques pages étincelantes, où il met en lumière l'originalité de ces figures exceptionnelles, que l'exégèse chrétienne a souvent affadies. Il a cru pouvoir résumer leur pensée dans cette formul' Périsse le monde, périsse Israël, plutôt que périsse la justice ! Il en ferait presque de sauvages visionnaires, prêts à s'ensevelir, avec la patrie elle-même, dans le désastre provoqué par les crimes d'Israël.

Mais alors, la vengeance de Jéhova dépasserait le but ; il aurait mal mesuré ses coups et atteint l'innocent au travers du coupable. Je ne puis pas me persuader qu'il en soit ainsi. Si Israël disparaît, Jéhova, avouons-le, est entraîné dans sa ruine. Assurément, il a frappé durement les rebelles ; mais il a sauvegardé l'avenir. Le fond du prophétisme, c'est la restauration d'Israël, — j'allais presque dire : C'est le Sionisme.

Le prophétisme se ramène à cette assertion fondamentale : La justice et la pitié passent avant le rite ; le sacrifice, du moment où il cesse d'être la manifestation visible d'une piété éclairée, soumise à une haute préoccupation de justice sociale, est vil et méprisable.

Fixons rapidement sur l'écran ces silhouettes énergiques, d'abord les prophètes de l'action, puis les prophètes écrivains !

Samuel fait et défait les rois, — je n'ose dire que ce soit au profit de la démocratie. Son prophétisme a encore toutes les allures d'une théocratie farouche.

Elie n'apporte, non plus, nul ménagement dans ses rapports avec les religions voisines ; ce sang, qui coule à flots pour la pureté de la foi, est d'un mauvais présage pour l'avenir de l'humanité.

Elisée est un thaumaturge, dont la légende a fourni plus d'un trait aux Evangiles.

Combien je préfère à ces vengeurs impitoyables de l'honneur de Dieu, les figures d'un Isaïe, de l'auteur du premier recueil de ce nom, contemporain du roi Ezéchias et de l'auteur du second recueil (deuxième Isaïe), qui consacre les poèmes les plus touchants à la peinture de la restitution d'Israël sur le sol de la patrie.

La physionomie d'un Jérémie au milieu des convulsions suprêmes du royaume de Juda, est singulièrement impressionnante : nous partageons ses angoisses, si non toutes ses sévérités.

Ezéchiel souffre d'être précédé par d'aussi éminents écrivains. Sa verve et son éclat en font cependant un objet d'étude du plus haut intérêt.

Quelles pages émues, délicates, éloquentes, dans Osée, dans Amos, dans Michée, dans Habacuc, dans Sophonie, auquel a été emprunté le *dies irae* !

Par sa législation, par ses écrits prophétiques, Israël s'est établi sur deux bases immuables. Il a assis sur le roc les fondations inébranlables de son avenir ; il peut maintenant se tourner vers les nations qui l'entourent. De David à Sédécias ou à Esdras, il a sinon donné leur forme définitive à la *Thora* et aux *Nebyim* (prophètes). au moins tracé les cadres où son histoire, ses lois, ses rites, ses croyances et ses vues d'avenir vont trouver leur expression complète et définitive.

Un Dieu juste, c'est-à-dire un Dieu, dont la raison d'être est la justice, une société où le faible est mis sous la protection du fort, on ne peut imaginer un plus beau programme de conquête morale et pacifique.

III. — ISRAEL PROPAGANDISTE.

Les six siècles qui précèdent l'ère chrétienne et le siècle qui la commence sont marqués par la plus extraordinaire succession d'événements politiques et de faits d'un caractère religieux et moral.

Désastres inouïs, effondrement, restauration, jours médiocres et jours glorieux alternent avec un mouvement de pensée incomparable.

C'est Israël, jeté brutalement, par la conquête chaldéenne, sur les voies de l'exil ; c'est « la captivité de Babylone ». C'est le retour avec Zorobabel, c'est la reconstitution définitive du judaïsme, de son Temple, de ses institutions civiles et rituelles sur le sol de la Palestine, sous la suzeraineté persane.

Puis les maîtres changent ; la souveraineté passe aux conquérants grecs et macédoniens. Ce ne fut pas, à tous égards, un avantage pour les Juifs. Les monarques syriens-hellènes entreprennent de plier les fils de Jacob aux institutions et aux mœurs de la Grèce, peut-être à ses croyances. La persécution religieuse sévit.

Elle provoque l'admirable insurrection des Macchabées, qui aboutit à la résurrection de l'indépendance nationale. Mais il semble que la nécessité des concessions entre nationaux et le sens des tempéraments nécessaires avec l'étranger, soient mal compris et insuffisamment ressentis par des partis ardents et batailleurs.

Et c'est la puissance romaine qui fait, à son tour, son apparition sur la scène. Avec celle-là, il semble qu'on aurait pu s'entendre ; il n'en est rien. Les conflits naissent et s'enveniment. Le gouvernement des Hérodes, qui sont des coreligionnaires — très mâtinés d'hellénisme, je l'accorde — est supporté avec autant d'impatience que celui des procurateurs romains. De nouveau, la Judée n'est plus qu'une province de l'Empire, et cette province minuscule entreprend, — on ne sait au juste pourquoi, — contre ses maîtres une lutte mortelle, qui ne pouvait finir que par son anéantissement.

La destruction de Jérusalem par les armées de Titus en l'an

70 de l'ère chrétienne reste une des dates les plus lamentables de l'histoire humaine. Quelques convulsions suprêmes agiteront encore, jusque dans le second siècle, les débris pantelants de ce pauvre corps, qui versera pendant dix-huit siècles les larmes de son éternel regret de la patrie perdue.

Pourquoi Rome et Jérusalem entreprirent ce duel impie, — je ne le sais, en vérité. Mais je m'attriste et je répands des pleurs sur cet égorgement, premier acte du plus long et du plus pénible des calvaires, que jamais peuple ait gravi. Rome a su vivre en paix avec mainte nation orgueilleuse et fière, respecter les rites et les coutumes de ses sujets ; le judaïsme, d'autre part, contenait assez d'hommes, à la fois éclairés et attachés à la foi ancienne, pour trouver les termes d'un accord ménageant les susceptibilités des deux parties en présence. Alors, encore une fois, pourquoi cette lutte à mort ? Le philosophe et l'historien se voilent les yeux devant les scènes de meurtre, qui ponctuent lamentablement la marche trop lente de la pauvre humanité vers le progrès moral et vers la tolérance.

Mais ces sept siècles sont, en même temps, je vous l'ai dit, des siècles de propagande spirituelle. Le second *Isaïe* (chap. XL-LXVI) en trace le programme.

« Consolez, consolez mon peuple ! » voilà son premier mot. Mais le second est la désignation d'Israël pour l'apostolat du monde : « Voici mon serviteur que je soutiens,, mon élu en qui mon âme prend plaisir. Je mets mon esprit sur lui, afin qu'il montre la justice aux Nations. — Selon la vérité il fera voir la justice, sans ralentir son action et sans la précipiter, jusqu'à ce qu'il ait établi la justice sur la terre : les îles sont dans l'attente de sa loi. » — « Il ne suffit pas (ô Israël !) que tu sois mon serviteur pour relever les tribus de Jacob et ramener les restes préservés d'Israël ; je t'établis comme lumière des Nations, afin que tu portes mon salut jusqu'au bout de la terre. »

Ce sont là ce qu'on appelle volontiers les espérances « messianiques », non pas au sens étroit et restreint de ce mot, que quelques-uns ont simplement entendu d'un roi successeur de David, d'un Oint ou Messie, restaurant le trône du fils de Jessé, mais au sens large, où Israël envisage comme le plus essentiel de sa tâche de communiquer aux peuples qui l'entourent les richesses de sa Loi. Il n'est pas deprogramme plus large, plus capable de nous émouvoir. C'est l'aboutissement de ce grand mouvement prophétique, que nous avons caractérisé par les deux termes de *justice* et de *pitié*.

Ainsi l'exil et ses souffrances, loin d'écraser la foi d'Israël en l'avenir, l'ont, à la fois, fortifiée et épurée. Vous remarquerez, d'autre part, avec quelle attention le judaïsme se tourne du côté des « îles », c'est-à-dire du monde méditerranéen, soumis aux influences grecques.

Le double mouvement de la reconstitution rituelle et légale du judaïsme par les soins d'Esdras et de Néhémie et du renouveau prophétique, s'accomplit en quelque sorte parallèlement ; on a le droit même de signaler un troisième facteur, trop souvent laissé dans l'ombre, celui d'une littérature morale et philosophique, dont les documents principaux sont le livre de *Job*, les *Proverbes*, l'*Ecclésiaste*, la *Sagesse de Jésus*, fils de Sirach, et la *Sapience*, dite de Salomon. Ce sont là des produits d'un caractère vraiment laïque et humain, propres à initier les étrangers aux aspects essentiels de la pensée juive.

Tout, malheureusement, n'est pas à louer dans l'œuvre accomplie par les hommes de la Restauration juive. Le *Deutéronome*, qui contient tant de pages d'une si haute inspiration, avait déjà fulminé avec âpreté contre quiconque sacrifiait au Dieu national en dehors de Jérusalem et édicté des règlements en vue d'une inquisition des doctrines. Il ouvrait ainsi la voie à toutes les recommandations, prescriptions et descriptions du Code sacerdotal (*Exode-Lévitique-Nombres*), qui punissent de mort les manquements à la loi rituelle et relatent avec complaisance les massacres en masse, opérés tant sur les nationaux coupables que sur les étrangers hostiles. Ce sont des pages — trop nombreuses — que l'on voudrait effacer. L'Eglise du Moyen Age y a trouvé des armes contre les hérétiques et contre les Juifs eux-mêmes. Bossuet a pris plaisir à faire voir qu'on pouvait en extraire une *Politique*, dirigée contre la démocratie, contre la liberté de conscience et contre la liberté de pensée, où le monarque, agent de la divinité, met son bras au service du clergé.

Ces réserves faites, — elles étaient nécessaires, — il est du plus haut intérêt de constater que le judaïsme, débordant la Palestine, essaimant en colonies de plus en plus nombreuses, en Arabie, en Syrie, en Babylonie, en Perse, en Egypte et dans les pays de langue grecque et latine, s'y intéresse passionnément à la vie locale et y constitue des foyers d'influence sociale et de propagande religieuse. Ce qu'avait commencé l'œuvre brutale de la transportation en masse, l'émigration volontaire le complète, et la *diaspora* ou dispersion juive crée autour de la Judée, restée un centre actif et vivant, une atmosphère « sémitophile », d'importance croissant avec les siècles.

IV. — ISRAEL SOUS LA PERSÉCUTION.

Quand Jérusalem a succombé sous les armées romaines, quand la « nation juive » s'est vue rayée du nombre des peuples attachés au territoire de leur naissance et de leur croissance, le judaïsme continue à subsister sous la forme d'un chapelet de communautés astreintes, je ferais mieux de dire « s'astreignant » à la pratique rigoureuse des rites traditionnels, qui doivent les protéger contre l'absorption graduelle et le danger d'une disparition complète. C'est la *haie autour de la loi*, haie qui protège au prix de quelques piqûres ; ce sont les 613 obligations rituelles. Elles ont préservé l'existence et la croissance du judaïsme au travers de dix-huit siècles de vexations et de persécutions. Les représentants de l'ancien Israël, évalués aujourd'hui à une quinzaine de millions environ, sont plus nombreux, semble-t-il, qu'ils l'ont été aux plus belles périodes de leur ancienne grandeur.

En second lieu, toutes ces communautés, unies dans une pratique identique, s'efforcent de maintenir le contact par des visites et des échanges, souvent difficiles et périlleux.

Pourquoi faut-il que, au moment où l'empire romain reconnaissait aux Juifs toute facilité de pratiquer leur culte et de se conformer à leurs usages, pourvu qu'ils respectassent les autorités reconnues, le christianisme ait introduit contre la religion, au sein de laquelle il avait pris naissance lui-même, un procès de doctrine ?

De cette lamentable histoire, je ne rappellerai point les phases infiniment douloureuses. Cette persécution est une tache au front du christianisme ; toutes les nations se réclamant de Jésus de Nazareth, devraient tenir à l'honneur de renier publiquement le passé en s'attelant à l'œuvre de justice et de réparation, qui s'exprime par le terme de « Sionisme ».

C'est ainsi que les deux grandes religions issues de la Bible, la chrétienne et la musulmane, se sont tour à tour retournées contre leur mère. Avec quelle endurance, avec quelle ténacité, avec quelle volonté indomptable, Israël a tenu tête à l'orage, votre glorieux martyrologe le dira aux siècles futurs, ô Juifs victimes !

V. — L'EMANCIPATION CIVILE ET POLITIQUE.

Le xviiie siècle, particulièrement en France, finit par se demander pourquoi une population honnête et laborieuse continuait d'être en butte aux vexations, aux humiliations, aux mauvais traitements ; quel était, en fin de compte, ce second péché originel, qui faisait d'un nouveau-né juif un paria. Les théologiens alléguèrent que, au moment du supplice de Jésus, la populace de Jérusalem avait crié : « Que son sang soit sur nous et sur nos enfants ! » Les philosophes estimèrent que cette réponse n'avait pas plus de fondement que maint argument, *ejusdem farinæ*, enfoui dans les traités théologiques, et ils se mirent à l'œuvre pour détruire le préjugé, pieusement entretenu, tant par la démonstration juridique que par le pamphlet.

C'est la gloire de la France d'avoir, la première, proclamé l'égalité civile et politique des Juifs. Napoléon Ier leur accorda la faveur, inouïe pour l'époque, d'un culte subventionné par l'Etat, c'est-à-dire d'une reconnaissance officielle. L'exemple donné par la Révolution française fut suivi par l'Angleterre, par les Etats-Unis, par la Suisse, par la eBlgique, par la Hollande, par l'Allemagne, par l'Italie. Les chaînes et les portes murant les *ghettos* sont brisées et mises en morceaux.

VI. — ISRAEL RECONSTITUÉ EN PALESTINE

Est-ce à dire que la situation faite au judaïsme par les nations qui marchent en tête de la civilisation, puisse être considérée comme satisfaisante et définitive ? Non, certainement, pour tout observateur attentif.

Si les Juifs arrivent, à force d'efforts, à se glisser dans les rangs serrés de ceux qui, depuis des siècles, considèrent les professions libérales comme leur étant réservées, comme leur étant dues, quel avenir attend ceux d'entre eux qui, entassés dans les villes et parqués dans certaines régions de la Russie ou de l'Europe centrale et orientale, y végètent misérablement ? On aurait beau leur donner des droits sur le papier ; les conditions sociales continueront d'élever entre eux et les populations chrétiennes d'infranchissables barrières.

Le Sionisme seul est en état de trancher la question, parce que la colonisation de la Palestine, largement comprise, appuyée sur les progrès de la science agricole, peut y assurer une vie aisée à plusieurs millions d'hommes.

Quand l'établissement juif sera devenu, sous la protection de la Grande-Bretagne et de la France, un centre de haute activité agricole, industrielle, économique, intellectuelle et spirituelle, régénérant pour le bien de l'humanité ce pays déplorablement attardé, plus vivant par la mémoire du passé que par ses promesses d'avenir, Israël reconstitué sur le sol natal saura, sans peine, se faire aimer des habitants actuels, qu'il respectera dans le culte de leurs souvenirs ainsi que dans leurs habitudes.

Racine place dans la bouche du grand prêtre Joad une vision prophétique, dont l'effort méthodique de quelques générations peut faire une réalité : (1)

> Quelle Jérusalem nouvelle
> Sort du fond du désert brillante de clartés
> Et porte sur son front une marque immortelle ?
> Peuples de la terre, chantez :
> Jérusalem renaît plus charmante et plus belle.
> D'où lui viennent de tous côtés
> Ces enfants qu'en son sein elle n'a point portés ?

Quel sera, dans tout ceci, le rôle de la tradition juive, dont j'ai dit à la fois la force et la faiblesse. Faut-il la maintenir, faut-il la sacrifier ?

______
(1) Athalie, 1691, Acte III, scène VII.

Il ne faut ni l'un ni l'autre ; il ne faut ni la conserver telle quelle, ni la détruire. Il faut la compléter, l'élargir, la spiritualiser, l'adapter aux conditions des sociétés modernes sans renier ses idées fondamentales : Droit — Justice — Charité.

Une grande voix est venue de l'autre côté de l'Océan. Elle convie les démocraties à achever l'œuvre de protection des droits des faibles et d'union entre les nations, qui nous mettra à l'abri des catastrophes déchaînées par l'ambition des conquérants.

Dans cette œuvre de paix mondiale, le Sionisme, inspiré par l'esprit du prophétisme ancien, a sa place toute marquée. Il saura se montrer à la hauteur des espérances qui s'attachent à lui.

Maurice VERNES,
Président de l'Ecole pratique
des Hautes Etudes religieuses
à la Sorbonne.

Ligue des Amis du Sionisme

La Ligue des Amis du Sionisme a pour objet :

1° De faire connaître le mouvement sioniste, son organisation et les buts qu'il poursuit ;

2° De renseigner sur les moyens employés pour les faire aboutir, notamment sur les colonies agricoles, sur les écoles d'enseignement primaire, secondaire, technique et supérieur (Université) et sur les institutions économiques et sociales, fondées ou à fonder par les Juifs en Palestine ;

3° De travailler, en accord avec les Gouvernements de la République française, de la Grande-Bretagne, des Etats-Unis d'Amérique, d'Italie et des autres Etats de l'Entente, à la mise en œuvre du programme énoncé par M. Balfour, ministre des Affaires étrangères de Grande-Bretagne à la date du 2 novembre 1917, en ces termes : « Le gouvernement de Sa Majesté envisage favorablement l'établissement, en Palestine, d'un foyer national pour les Juifs (*a national home for the jewish people*) et emploiera tous ses efforts pour en faciliter la réalisation, étant, d'ailleurs, clairement entendu qu'il ne sera porté aucune atteinte aux droits des collectivités non juives établies présentement en Palestine, non plus qu'à ceux dont jouissent les Juifs dans tout autre pays », et par M. Pichon, ministre des Affaires étrangères de France, déclarant, à la date du 9 février 1918, que « l'entente est complète entre les Gouvernements français et britannique en ce qui concerne la question d'un établissement juif en Palestine ».

La Ligue et son Comité directeur comprennent des personnes appartenant à tous les partis politiques et à toutes les confessions religieuses.

COMPOSITION DU BUREAU

Président : M. Maurice VERNES, Président de l'Ecole pratique des Hautes-Etudes, Sciences religieuses, à la Sorbonne ;

Vice-présidents : Le capitaine René FRANCK ; M. Adolphe MALYE, professeur au Lycée Pasteur ;

Secrétaire général : M. André SPIRE, ancien auditeur au Conseil d'Etat ; *Secrétaire général adjoint* : M. Baruch HAGANI, directeur de la *Renaissance du Peuple Juif* ;

Trésorier : M. Gabriel ARDANT.

Ont, dès à présent, donné leur adhésion :

MM. le Colonel AUSCHER, le Dr Armand BERNARD, F. BRUNOT, professeur à la Faculté des Lettres ; Julien CAIN, agrégé de l'Université ; Christian CHERFILS ; Fernand DIVOIRE, homme de lettres ; Ed. DUJARDIN, chargé de conférences à la Sorbonne ; FAVAREILLE, maître des requêtes au Conseil d'Etat ; Edmond FLEG, agrégé de l'Université ; F. HEROLD, Vice-Président de la Ligue des Droits de l'homme ; Henri HERTZ, homme de lettres ; Gustave KAHN, homme de lettres ; Mgr L. LACROIX ancien évêque de Tarentaise ; MM. Ed. Maurice LÉVY, bibliothécaire à la Sorbonne ; Ad. LODS, chargé de cours à la Faculté des lettres ; Gaston MILHAUD, professeur à la Faculté des lettres ; Paul OTLET ; PALLIÈRE ; Paul RAPHAEL, publiciste ; le Pasteur ROBERTY ; Ch. ROLLAND ; Mlle SCHACH, professeur au Lycée Molière ; MM. Gabriel SÉAILLES, professeur à la Faculté des lettres ; SEIGNOBOS, professeur à la Faculté des lettres; WAHL, professeur à la Faculté de Droit, etc.

Siège social : M. Roger LÉVY, Secrétaire du Comité, 20, rue de Longchamp, Paris, XVIe.